ÉDITIONS DU " TRAIT - D'UNION "

Victor SPIELMANN

ALGER — AVENUE DU FRAIS-VALLON — ALGER

IV

LA RÉFORME

DE LA

Magistrature Musulmane

PAR X...

PRIX : 1.50   1924

ALGER
Imp. du Prolétariat
3, Rue Clauzel, 3

Téléphone : 25-56

— 1924 —

ÉDITIONS DU " TRAIT - D'UNION "

VICTOR SPIELMANN

ALGER — AVENUE DU FRAIS-VALLON — ALGER

LA RÉFORME

DE LA

Magistrature Musulmane

PAR X...

LA RÉFORME

DE LA

MAGISTRATURE MUSULMANE

La Femme Musulmane

Parmi les reproches qu'on adresse à la société indigène est l'état d'ignorance dans lequel se trouve la femme musulmane.

Ce reproche est-il fondé et jusqu'à quel point ?

Nous espérons donner une réponse à cette question lorsque nous traiterons le problème de la femme sous toutes ses faces. Mais, pour qu'il n'y ait pas de confusion, nous devons déclarer que la doctrine islamique ne doit pas être rendue responsable de cet état de choses.

Le Prophète a fait de l'instruction une obligation aussi bien pour la femme que pour l'homme, et ce, sans distinction dans les matières, ni dans l'exercice.

L'histoire enregistra beaucoup de noms de femmes medecins et les grands juristes, les chefs d'école, notamment l'école Hanafite, lui ont reconnu le droit d'être juge-cadi, charge qu'aucune législation mondiale ne lui reconnaît le droit d'occuper jusqu'à aujourd'hui. Donc, l'Islam est hors de cause.

Mais il n'en demeure pas moins vrai que la femme indigène ne reçoit en ce moment et n'a reçu jusqu'à aujourd'hui aucune instruction en français, ni en arabe.

Tout le monde proteste contre cette situation. Comme sa sœur européenne, la musulmane doit recevoir les bienfaits de l'instruction.

Pour nous, en toute sincérité, nous préférons la conservation du statu quo au moins pour quelques années. Voici pourquoi :

Avant de songer à instruire la femme, lui apprendre l'étendue de ses droits, il faut vérifier si les rouages sociaux qui la régissent et la touchent de près, sont dirigés par des hommes compétents, intègres et à la hauteur de la mission, ou non.

Telle est la question qu'on devrait résoudre avant de songer à l'instruction.

En d'autres termes, il faut commencer par éduquer l'homme, en l'espèce le magistrat de la cité, le cadi, avant de penser aux justiciables.

Les Çadis

Jamais deux hommes instruits ne feront, de leur plein gré, appel à l'arbitrage d'un ignorant. Et si cette vérité est la règle générale dans la vie journalière, de quel droit le gouvernement impose-t-il, pour le moins, à la partie instruite de la population, le supplice d'être justiciable des cadis ignorants ?

Il est indéniable que les mœurs d'un être instruit, sa manière de concevoir la vie et ses devoirs diffèrent de beaucoup avec la façon de vivre et de penser ou plutôt de ne pas penser d'un ignorant.

Autrement dit, peut-on admettre qu'un homme ou une femme possédant une instruction complète — par exemple, docteur en médecine, avocat, professeur, instituteur, où même simplement le titulaire du certificat d'études primaires — soit le justiciable d'un cadi qui ignore non seulement la langue française, mais la syntaxe de l'arabe, sa langue maternelle.

L'ignorance des cadis s'affiche par les fautes d'orthographe qu'on constate dans les actes rédigés par leurs propres mains. Et ceci peut donner une idée de leurs connaissances en droit et en sociologie.

Un exemple puisé dans un document officiel précise bien mieux encore le degré de cette ignorance.

Lors de son institution, 1905, la commission de codification du droit musulman, demanda l'avis des magistrats français et indigènes sur ce projet.

Par des arguments motivés et à leur honneur, les magistrats français exprimèrent un avis favorable; deux contre un, 90 contre 47.

Par contre, la majorité des cadis donna un avis défavorable; 45 contre 42. Mais lorsqu'ils furent appelés à donner une deuxième fois leur avis sur le livre premier (mariage et divorce) majorité comme minorité tombèrent d'accord pour démontrer l'inutilité de la codification. Ce qui revient à dire, que presque la totalité des cadis étaient contre le projet.

Quel est le mobile qui les poussa à se prononcer contre un travail qui, somme toute, était appelé à faciliter leur tâche et à donner plus de précision et, partant, plus d'autorité à leurs décisions ?

Il est incontestable qu'un jugement motivé et basé sur des articles de loi a plus de poids qu'une décision dépourvue de motifs et de textes juridiques. Mais les cadis ne voulaient et ne pouvaient comprendre leur fonction de cette manière.

Etre astreint à motiver un jugement et discerner lequel des articles lui est applicable est une tâche que ne pouvait comprendre que le juge qui était préparé pour sa charge. Les cadis n'étaient pas à même de comprendre le sens de cette charge. Et ce ne pouvait en être autrement. Leur recrutement péchait par la base.

Comme nous le verrons plus loin, les fonctions du cadi sont fort importantes. Les questions de statut personnel (mariage, divorce, succession) exigent en effet plus de savoir que les questions mobilières. Mais cela n'a pas empêché que *certains cadis* avaient été dispensés de produire le moindre titre — pas même celui d'adel — pour être pourvus d'importantes mahakmas. D'autres, avec un petit stage, étaient jugés aptes à être élevés à cette charge.

Et ceci n'est pas l'exception. Le favoritisme est la règle immuable qui régit la magistrature musulmane dont la clef magique est le piston et l'ignorance de la langue française.

Arrivons au recrutement de cette magistrature.

Périodiquement, M. le Gouverneur général institue une commission composée de magistrats français et indigènes ainsi que d'interprètes pour traduire les questions des examinateurs et les réponses des candidats. On ne demandait pas même la connaissance de la langue française.

Depuis quelque temps on exige des candidats l'exercice d'une fonction pour aspirer à un titre suprême. Auparavant, et comme il se pratique encore en territoire militaire, les candidats n'étaient astreints à aucun stage.

Un document officiel constate mieux que nous pouvons le dire, le peu de sérieux de ces examens.

On lit, en effet, dans l'enquête de la commission parlementaire d'études des questions algériennes, connue plutôt sous le nom de commission des dix-huit, que « les commissions délivrent trop facilement les diplômés de cadi ».

A ce mode de recrutement, s'ajoute le contingent des diplômés de la Médersa supérieure d'Alger.

Aux termes du décret ministériel du 23 juillet 1895, réorganisant les Médersas, ces diplômés devaient passer avant ceux qui ignoraient totalement le français. Mais ce décret, sous la foi duquel beaucoup d'étudiants avaient engagé leur avenir, est resté lettre morte. Les Médersiens ne forment actuellement qu'un dixième des cadis du territoire civil. Quant au territoire militaire, il ne faut pas en parler. Et ceci démontre à l'évidence que les préférences des chefs de la magistrature vont aux diplômés des commissions. C'est-à-dire à ceux qui ignorent complètement le français. Triste constatation pour celui qui ne voit le relèvement de l'Algérie que par la diffusion de la langue et de la civilisation françaises !

Mais cela ne veut pas dire aussi que les Médersiens, dès leur entrée en fonction, soient à la hauteur de leur tâche.

Néanmoins, avec les connaissances générales qu'ils possèdent en arabe aussi bien qu'en français et le long stage qu'on leur impose — stage qui leur permet de compléter leurs études en droit — ils peuvent faire de bons juges.

En un mot, les Médersiens sont accessifs au progrès et, partant, mieux outillés pour distribuer une bonne justice, et, notamment, défendre la femme contre le despotisme de l'homme.

Ce défaut de préparation nous oblige à parler des Médersas.

Les Médersas

Le programme des Médersas doit être aussi, radicalement expurgé des matières traitant de la théologie, de l'exégèse et de la métaphysique.

Les Médersas ne doivent plus être des séminaires du XV⁰ siècle.

Le progrès doit péntrer partout. Les établissements fondés pour enseigner le droit ne doivent enseigner que la matière qui est la raison d'être de leur existence.

On fait un peu de tout et même du dessin dans les Médersas. Mais du droit, presque point.

En troisième et quatrième année, le programme comprend cinq heures de droit sur 27 cours par semaine; trois heures sur 16 cours en cinquième et sixième année. Et ces cours se font dans des livres *qui datent de plusieurs siècles*. On n'a même pas osé introduire le projet de codification qui pourtant est une œuvre essentiellement algérienne ! !

Quant aux lois qui sont la base de l'organisation de la justice musulmane et de la compétence du cadi, elles sont lettre morte pour les Médersas. Pourtant ces lois, décrets, arrêtés et circulaires sont fort nombreux, et leur connaissance est de première nécessité pour le magistrat musulman. Pour ainsi dire, c'est son code de procédure civile, mais pas encore codifié.

Comme en arabe, il y a aussi en français des matières qui font double emploi, avec celles dont le programme du certificat d'études primaires exige la connaissance et, par suite, elles sont superflues dans les Médersas et une perte de temps pour l'étudiant.

Les cours de mathématiques, de géométrie, de physique, de chimie, d'histoire naturelle, d'économie politique, de correspondance commerciale, d'hygiène, etc., peuvent être remplacés avantageusement par des cours de procédure civile, d'analogie du droit musulman avec le code civil et le droit romain. Un cours élémentaire de philosophie du droit ne peut être de trop dans les Médersas.

Le futur cadi a plus d'intérêt à connaître les Madjallas, les codes civils des peuples musulmans, Turquie et Egypte que d'user son temps à faire de la métrique ou à apprendre par cœur les poésies anté-islamiques.

En un mot le programme des Médersas n'est plus de ce siècle. Et voilà pourquoi sa stérilité s'est manifestée par l'absence d'écrivains, notamment juridiques.

Au point de vue littéraire, les pays musulmans se trouvant sous la domination des nations européennes, sont en avance d'un siècle sur l'Algérie.

Pendant que les établissements scolaires d'Egypte et des Indes anglaises et hollandaises voient leurs anciens élèves rivaliser avec des écrivains européens et en langues européennes, le nom de l'Algérie n'est représenté nulle part, ni en aucune matière par ses enfants autochtones.

Cependant l'Africain est un être humain, pourvu des facultés intellectuelles comme celles de son espèce habitant cette planète. Et si ces facultés sont restées improductives la faute ne doit pas être imputable à leur possesseur. Son passé atteste au contraire son activité intellectuelle.

Les œuvres des Tertulien, des Saint-Augustin, des Ben-Khaldoun, d'Abou-El-Hacen, connu plutôt sous le nom de Léon l'Africain, ces œuvres, sont là pour démontrer la somme de cette activité dans les domaines religieux, historique et philosophique. Encore mieux, d'après un écrivain moderne, Draper, dans son « Histoire du développement intellectuel de l'Europe, T. II, page 41), le système religieux de l'Europe entière est une œuvre complètement africaine.

« On ne peut pas dire, écrit-il, que les diverses formes du christianisme qui existent en Europe soient d'origine romaine. C'est à l'Afrique qu'elle les doit et, sous ce rapport, nous vivons sous la domination africaine. »

Et il est regrettable de constater la léthargie dans laquelle se trouve plongée l'Algérie intellectuelle. Mais cette vérité indéniable ne doit choquer que ceux qui ont concouru à sa manifestation.

Le progrès est le progrès ; il doit pénétrer partout et *en même temps*.

L'intelligence vierge ne doit pas échapper à la loi de l'évolution.

Méconnaître ces vérités, c'est nier les progrès des siècles passés.

Les Médersas, aussi bien que les Mahakmas, doivent être réorganisées et mises en harmonie avec la marche de la civilisation de ce siècle.

Le Cadi

Les considérations générales qui précèdent portent sur l'ensemble de l'organisation de la magistrature musulmane et son mode de recrutement et ce que doivent être ces études. Et il ne reste qu'à détailler la charge du cadi actuel et à quoi doit être réduite cette charge.

Le titre de cadi comprend six fonctions : juge, notaire, agent d'exécution (huissier), curateur aux successions vacantes, commissaire priseur, enfin tuteur légal de tous les mineurs de son ressort, qui se compose d'un, deux et trois cantons.

Ces fonctions ne doivent plus être exercées par une seule personne. Leur incompatibilité est manifeste. Pourquoi ces prébendes pour les uns et la misère pour les autres. Les scandaleuses fortunes des cadis sont des contrastes avec l'indigence du personnel des Mahakmas. Humanité à part, les fiefs, judicatures musulmanes, doivent prendre fin pour les considérations juridiques suivantes :

Le juge ne doit pas être notaire. Il ne doit pas être *juge et partie intéressée à la fois*.

Le notaire a pour fonction de procéder à la confection des actes, notamment les dernières volontés d'un mourant. Et, en cas de contestations, c'est devant lui, notaire, transformé en juge, que les parties doivent porter leur différend.

Il est inutile d'insister combien il en coûte à l'amour-propre d'un notaire de se déjuger en déclarant que l'acte sortant de sa Mahakma est nul. Et combien il est dangereux pour le mourant de confier aussi ses dernières volontés au notaire prévenu qui se transformera ensuite en juge et liquidateur de sa succession.

Logiquement, juridiquement, socialement, le cadi ne doit plus être notaire. Il ne doit pas non plus être l'agent d'exécution de ses décisions.

L'agent d'exécution ne s'amuserait jamais à signaler ses fautes, étant juge (incompétence ou excès de pouvoir). Il ferait plutôt l'impossible pour les consumer. Et, en cas de réclamation, il s'abrite toujours derrière sa qualité de juge; ce qui donne souvent matière à procès interminables et préjudiciables pour les pauvres.

La fonction d'huissier doit être rendue à l'aoun de la Mahakma et exercée sous sa propre responsabilité, comme elle l'était auparavant. (Voir, notamment, projet de réorganisation de la justice musulmane, mai 1850, et décret du 1er octobre 1854.)

Le cadi ne doit plus exercer la charge de commissaire-priseur. Il ne lui sied pas d'être sur les marchés, criant au milieu d'un groupe pour convertir en espèces les objets saisis ou provenant de successions. La dignité du vrai juge doit en souffrir beaucoup.

Avant et longtemps après 1830, la charge curature aux successions vacantes était l'une des attributions du cadi « Beït-El-Mal ». Mais depuis la suppression de ce fonctionnaire, le décret du 31 décembre 1859 chargea les cadis de la liquidation des successions vacantes, sous la surveillance de l'administration des Domaines. Et cette surveillance s'est, par la suite, réduite à sa simple expression. Le cadi avise le Domaine qu'un tel est décédé et un autre tel prétend être son héritier. Et, sous la foi des renseignements du cadi, le Domaine évite toujours d'engager des procès.

Il est certain que, depuis la disparition du cadi « Beït-El-Mal », le Trésor public a perdu nombre de successions qui lui revenaient de droit. Le cadi vénal a plus d'avantage à voir surgir des héritiers fictifs que de veiller sur l'intérêt de tout le monde, puisque ce monsieur tout le monde n'a pas le droit de contrôler les agissements de son propre mandataire, qui cumule à la fois les pouvoirs de confectionner les actes de filiation et de les valider par jugement ; de procéder *sans contrôle* à l'inventaire et à la liquidation de la succession et de remettre le montant à l'héritier sans droit.

La curature doit être rétablie. Le service des Domaines a sous ses ordres beaucoup d'agents auxquels pourrait être confiée cette charge et *sans rétribution* par le budget.

La sixième fonction d'un cadi est la tutelle légale de tous les mineurs de son ressort.

Comme cette charge a été toujours la source inépuisable pour le cadi vénal, elle fut aussi le point de départ de certains décrets et circulaires pour enrayer cette vénalité.

Le projet de codification prévoit aussi l'organisation d'une commission de surveillance. Cette commission est calquée sur ce qu'était la tutelle en Turquie d'il y a un siècle.

Pourtant, nous ne voyons pas pourquoi on n'organise pas la tutelle sur la base des articles 388 à 487 du Code civil. La question est purement d'ordre administratif et ne touche en quoi que ce soit à la religion. Le futur cadi-juge est tout indiqué pour présider le conseil de famille et l'adel de rédiger les procès-verbaux.

La surveillance du tuteur et subrogé-tuteur ne doit pas être enlevée à la famille et confiée à la future commission plutôt honorifique qu'effective et dont les membres peuvent avoir directement ou indirectement des intérêts opposés à ceux des mineurs. A la rigueur, et pour plus de sûreté, on doit obliger les tuteurs à rendre compte, une fois par an, aux conseils de famille par devant le futur notaire, qui dressera acte des opérations moyennant une faible rétribution.

Nous avons vu combien il est dangereux pour le mourant de confier ses dernières volontés au cadi vénal. Et il est plus que dangereux de laisser entre ses mains les intérêts des mineurs.

Voici en quoi consistent les opérations auxquelles doit procéder le cadi à l'ouverture d'une succession.

Le cadi commence par établir les actes de décès et de filiation. Ensuite, il procède à l'inventaire de la succession et à la désignation du tuteur. La liquidation vient après. Mais s'il y a des contestations, c'est au cadi à les trancher par jugements.

Avec ce multiple pouvoir, aucun tuteur ne peut avoir la force morale nécessaire pour résister aux errements du cadi vénal ou de parti-pris, puisqu'il n'est autre chose que son mandataire révocable dès qu'il manifeste de l'opposition.

Dire combien de successions se sont volatilisées par la complicité de tuteurs intéressés, faibles ou inconscients, c'est vouloir totaliser l'incalculable.

Le cadi a le droit de louer de gré à gré, et sans aucune publicité, les biens des mineurs. Les immeubles urbains sont loués à peu près à leur valeur locative réelle ; quant aux terres, elles ne leur rapportent pas même la moitié des loyers de celles de leurs voisins.

Pour la vente des biens de mineurs, le cadi est obligé de demander l'autorisation au chef de son parquet. Mais, comme les Procureurs n'ont pas de temps à perdre pour faire des enquêtes sur des propriétés se trouvant généralement dans des douars ou des communes loin du siège, l'autorisation, édictée à l'origine dans un but de sauvegarde, est, par la suite, devenue une mesure de sécurité pour le cadi, puisque sa responsabilité se trouve à couvert par la signature du Procureur. Et beaucoup de mineurs se sont vus, par cette procédure, dépouillés de biens fort importants.

Quant à la femme, on peut dire qu'elle n'a de voix au chapître qu'autant pour répondre « oui monsieur : n'âam sidi » aux questions du cadi.

On ne peut imaginer ce qu'en coûte à la femme ce mot « oui » de perte de droits dans une succession.

Avec la complicité du cadi, ou sans sa complicité, il y a généralement entente entre les héritiers mâles pour dissimuler une partie de la succession ou frustrer l'un des héritiers d'un droit ; ce sont, notamment, les mineurs qui en sont les victimes. Dans ces sortes de conciliabule, on ordonne à la femme de répondre toujours par oui ou par non aux questions du cadi, et celui-ci se garde bien d'expliquer à la victime les conséquences que comporterait son silence en fait de perte de droit.

La réponse de la femme peut nuire aussi à ses enfants mineurs, puisqu'à chaque réclamation, d'où qu'elle vienne, le cadi opposera toujours l'acte d'inventaire dressé en présence de leur mère. Et personne ne peut admettre qu'il y a eu entente avec celle-ci pour la perte des biens de ses enfants.

La Femme musulmane
éternelle victime

Il ne faut pas trop blâmer la femme dans son rôle de complaisance involontaire et au prix de la perte de ses droits ; ce rôle, elle est obligée de le tenir. Quatre facteurs sont constamment contre elle : 1° son ignorance ; 2° le despotisme de l'homme. Jamais ses parents ne lui pardonneraient un démenti infligé en public ou une réclamation, même juste.

3° Les chefs de parquets sont obligés de rejeter toutes les réclamations qu'elle jugerait juste de leur adresser après l'inventaire de la succession de son père ou de son mari, puisqu'aux termes de la loi, l'acte d'inventaire, dressé en sa présence, n'est attaquable que par l'inscription en faux, procédure impossible pour un homme instruit, encore moins pour une femme ignorante. Et sur quels témoignages peut-elle compter ? Est-ce sur celui de ses ennemis ?

4° Enfin, la Chambre de Révision, dont les décisions sont, à l'égard des Indigènes, comme les jugements souverains de la Cour de Cassation pour les Français, lui a ordonné de répondre par « oui » éternelllement ou de perdre tout droit à la succession de son mari.

En effet, par son arrêt du 31 mai 1916 (1), cette chambre jugea que les mariages non constatés par acte du cadi ne doivent pas produire d'effets civils. Et le parquet général, se basant sur cet arrêt, ordonna par une circulaire (24 novembre 1916) aux cadis de ne plus valider les mariages non contractés devant cadi, ni recevoir comme héritières les veuves dont le mariage est contesté.

On peut juger combien de femmes sont devenues malheureuses, ruinées par cet arrêt et la circulaire qui le rend obligatoire pour tout le monde.

Les maris inhumains peuvent pousser leur cruauté à l'infini et les femmes de se plier sous peine d'être renvoyées du foyer sans autre forme de procès.

Quant à la veuve, elle ne doit jamais manifester la moindre velléité de réclamer ses droits et s'estimer très heureuse si les parents de son feu mari ne lui jettent pas à la face l'injure de concubine sans droits.

Voilà comment la femme est protégée par la haute magistrature algérienne, qui arme contre elle le mari ou ses parents de cette épée de Damoclès suspendue sur sa tête.

Comme la femme du bled, la citadine est logée à la même enseigne. Malgré que celle-ci ne consente à consommer le mariage qu'après passassion de l'acte, ses droits sont très relatifs.

Le mari peut diffamer et divorcer à volonté. Ça ne coûte pas cher. La pension de retraite légale est estimée par les cadis généralement à quarante francs par mois, loyer compris, et celle de l'enfant à vingt francs. Et ce, dans le cas probable de payement.

A ce taux, l'homme peut renouveler indéfiniment sa *couche*, puisque la sympathie du juge lui est assurée d'avance.

Et ce ne pourrait en être autrement. La défectueuse organisation de la magistrature musulmane incite à l'arbitraire.

Le cadi a plus besoin de l'homme et comme client de la Mahakma et comme tuteur complaisant que l'homme a besoin de lui. Et voilà pourquoi le sacrifice des droits de la femme devient une question très secondaire pour les consciences légères.

Cette magistrature ne doit plus conserver sa structure actuelle.

Le cadi ne doit être que juge. Il doit être bien préparé pour sa mission.

L'adel est tout désigné pour remplir les fonctions de greffier responsable de la Mahakma.

Le titre de bachadel doit être supprimé et remplacé par celui de notaire (mouattek) avec toutes les attributions et les responsabilités de cette charge.

L'aoun est l'huissier qualifié pour exécuter les jugements.

Chacun doit travailler pour son compte, ce qui lui permet de gagner sa vie et vivre honorablement. Et cette réforme ne coûtera pas un centime au budget.

Le passé de la généreuse France, son histoire, son honneur, son idéal de haute justice, son altruisme et son humanité lui font un impérieux devoir de protéger les deux êtres faibles de la société indigène la femme et le mineur.

Et cette protection ne pourrait être tangible, efficace et laborieuse que par l'accomplissement des réformes que nous préconisons.

La conscience française ne saurait rester sourde à notre appel fondé sur le droit et sur la raison.

Alger, le 5 février 1924.

X.

FIN

Etude juridique sur l'Illégalité d'un arrêt

de la

Chambre de Révision de la Cour d'Appel d'Alger

Le mariage de la Femme musulmane

La Chambre de révision de la cour d'Alger est-elle compétente pour décider qu'un demi-million, au moins, de femmes qui vivaient sous le régime d'une coutume consacrée par une jurisprudence de plus de quatre-vingts ans voient, outre la perte de l'honneur, l'anéantissement de leurs droits civils par un arrêt de cette Chambre ?

Telle est la jurisprudence inaugurée par la décision du 31 mai 1916, qui consacre que les mariages non contractés par acte de cadi ne produisent pas d'effets civils.

Par le fait, comme l'a écrit la « Revue Algérienne » de jurisprudence, « c'est véritablement un arrêt de principes ». (Octobre 1916.)

Cet arrêt est certainement regrettable en ce sens qu'il met à néant et l'esprit et la lettre de la Capitulation du 5 juillet 1830. En effet, l'article 2 de cette capitulation dit que :

« La religion et les coutumes des Algériens seront respectées ».

Les Tribunaux indigènes n'ont été conservés qu'en exécution de cet alinéa.

Leur existence, ou du moins le principe, implique pour le juge du siège le devoir de n'appliquer à ses justiciables que le droit musulman.

« Les juridictions chargées d'appliquer le droit musulman doivent l'appliquer. » (1)

« Attendu, dit l'arrêt, qu'il ne saurait être sérieusement contesté qu'en Algérie, tout au moins depuis la conquête, les Musulmans font unanimement dresser acte par les cadis de leurs mariages.

« Presque jamais, les kabyles n'usent de ce procédé, note le Bulletin des Justices de paix. » (2) « Et les arabes non plus », ajoutons-nous.

Les 80/100 des mariages des habitants des villes, comme ceux de la campagne d'Algérie, ne sont pas actuellement constatés par acte. Une statistique, bien ordonnée, ne permettrait pas de trouver même 20/100 d'unions passées devant les cadis.

Sans rechercher si cet usage est bon ou mauvais, le fait *que la loi a toléré* que les indigènes conservent l'usage de se marier sans acte est indéniable. Donc, de par le principe de la Capitulation, cet usage doit être respecté à la lettre.

Autre que l'appareil législatif et la garantie de l'exécutif, c'est-à-dire la publicité légale et étendue, aucune juridiction n'est compétente pour décider qu'une coutume doit cesser de produire d'effets civils.

Si des lacunes existent dans l'organisation sociale de la Société, elles ne doivent pas être amendées par un simple arrêt, *au détriment* de l'être faible de cette Société.

Nous sommes d'avis que le mariage soit constaté par acte. Cependant, le législateur n'a jamais eu l'idée de rendre obligatoire pareille mesure. Aucune loi ni décret n'ont posé le principe.

Que pareille réforme soit ordonnée, il ne viendrait à la pensée de personne de soutenir qu'elle ait un effet rétroactif, car le droit est chose sacrée et la loi n'est que sa protectrice naturelle, d'autant plus qu'en l'espèce, c'est la femme qui est seule à supporter les conséquences, attendu que dans le cas presque général de l'existence, actuellement, des mariages sans actes,

---

(1) *La théorie de la preuve en droit musulman*, par F. Marneur, p. 173, Paris 1910.

(2) Février 1917.

et par le principe posé par la chambre de révision, si la femme décède chez son mari, aucun membre de sa famille n'aurait la folie de contester l'existence du mariage, pour en récolter en dernier lieu la honte qui jaillirait sur toute la famille.

Par contre, le décès d'un mari donne (implicitement) à ses héritiers le droit de renvoyer la femme comme une simple domestique, ainsi qu'il est reconnu, d'ores et déjà, au mari, par le même arrêt, la faculté de se libérer des droits que pourrait avoir sur lui sa femme, en déclarant purement et simplement devant le juge qu'elle n'était chez lui qu'à titre de cuisinière, pour ne pas dire plus.

Encore mieux, si la femme ne veut plus de son mari, elle n'a qu'à quitter le domicile conjugal et laisser s'accréditer le déshonneur de concubinage à l'égard de son mari, peut-être des plus respectables.

Telles sont, en toute sincérité, les conclusions logiques que suggère l'arrêt du 31 mai 1916.

Voyons si, juridiquement, cet arrêt est dans son rôle de savoir si le jugement révisé a, oui ou non, observé le droit et les coutumes du pays.

Et d'abord, qu'est-ce que le mariage en droit musulman ?
Le législateur musulman a fait du mariage un contrat moral qui se conclut par les simples termes de l'offre (idjab) et l'acceptation (kaboul).

Dès que ces deux mots sont échangés sans qu'il y ait d'empêchements, le mariage commence à produire ses effets civils.

« Trois des grands imames déclarent que, dans le cas où un homme dit : « Une telle est ma femme », et où la femme affirme la vérité de ces paroles, cet assentiment bilatéral établit la réalité du mariage. (3)

« Le mariage est un acte privé ; la célébration n'est précédée d'aucune mesure de publicité ; elle peut avoir lieu sans l'intervention de l'autorité, dans le mystère de la famille, en présence des parents et des témoins. » (4)

---

(3) *Balance de la loi musulmane*, par Châarani — Traduction Perron — Alger, 1898, p. 212.

(4) Eugène Robe. — *Essai sur l'histoire du droit musulman*. Bône,

Tel est le mariage en droit musulman et, comme tel, il se pratiquait au temps du Prophète. Quant à l'acte, il n'est que l'une de ses conséquences, comme tous les actes constatant les transactions humaines *dont on peut se passer.*

Se fonder sur l'ordre du Coran, que ces transactions, eu égard pour leur multiplicité, soient consignées par écrit pour conclure que le mariage, aussi, doit être compris dans cet ordre, c'est déplacer la question.

Rien dans la loi et la jurisprudence n'impose l'obligation de rédiger par écrit le contrat du mariage. (5)

L'espèce soumise à la Cour était constatée par écrit. Juridiquement, elle ne devait être détruite que par un autre écrit postérieur au premier. Mais conclure d'un cas dans lequel on a voulu annihiler l'effet d'un acte par la preuve testimoniale, pour édicter une mesure générale excluant cette preuve, c'est faire naître, d'une espèce rare, un principe de droit, ce qui est inadmissible dans toutes les législations.

Le rôle de la Chambre de révision est, d'après le décret du 25 mai 1892, de veiller à l'observation des lois et coutumes du pays. En somme, elle n'est que le contrôle de la Juridiction indigène.

Sa compétence ne dépasse pas celle de la chambre civile de la cour de cassation.

Donc, la compétence de la chambre de révision doit se borner à amender les décisions mal fondées des Tribunaux civils jugeant au musulman. Quant à l'autorité que fait son arrêt du projet de codification pour appuyer sa résolution de faire table rase des coutumes du passé, elle est mal venue, attendu que la codification n'est qu'à l'état de projet qui n'a pas acquis force de loi.

Pour se convaincre, d'ailleurs, que ce projet exclut toute idée de rétroactivité, on a qu'à lire son article premier. En tous cas, jusqu'au jour où on lui donnera force de loi, il restera toujours à l'état de projet.

Que l'accord soit fait demain sur l'autorité qualifiée, pour la rendre exécutoire, il est inutile de rappeler qu'en principe aucune loi ni décret ne doivent avoir un effet rétroactif.

---

(5) *Droit musulman malekite*, par Cadoz. Bar-sur-Aube, 1870, p. 137.

Il est à remarquer que, contrairement à la thèse de la Chambre de révision, Sidi Khalil, pas plus qu'Abdelhak, ne furent des commentateurs autorisés du Coran.

Sidi Khalil est, parmi les juristes, un fakih du XV° siècle qui a écrit un précis de droit selon le rite malekite, rite qui, lui-même, n'a pas reçu un développement rationnel (voir les prolégomènes d'Ibnou-Khaldoun) et Abdelhak n'a fait que commenter ce précis, précis qui ne doit son autorité qu'aux seuls faits qu'il fut jusqu'à ces derniers temps le seul ouvrage de droit traduit en français.

Quant à la preuve testimoniale, elle est en droit musulman comme en droit naturel la principale preuve en tant que l'écrit n'existe pas.

Si Sidi Khalil lui a donné la préférence, c'est probablement par manque d'approfondissement de la philosophie du droit et pour enrayer la vénalité des cadis de son siècle.

La meilleure preuve que son précis est un ouvrage ordinaire, c'est que le projet de codification, malgré la déférence qu'a la commission pour son auteur, elle a été obligée de s'écarter de son autorité, dans les questions d'intérêt social, et faire à demi à la question de la hadoua (garde d'enfants), état d'autres avis qualifiés.

A son tour, le projet de codification a besoin d'être touché en ce qui concerne cette question et le point de départ de la hadoua pour le père de l'enfant masculin doit être ramené de douze à sept ans, point fixé par les trois grands imames et peut-être par leur collègue malik, fondateur de l'école malikite.

« En effet, proclame cet arrêt, le prophète avait dit : *Les lois ne peuvent être modifiées que par les besoins du temps.* »

En se basant sur ce principe, le législateur seul, et non la chambre de révision, peut édicter, en ce qui concerne le mariage, l'abolissement de la preuve testimoniale sans effet rétro-actif, bien entendu, et, par voie de conséquence, exiger que les mariages antérieurs soient immédiatement constatés par actes.

Depuis 1845, la tenue des registres-minutes est devenue obligatoire pour les cadis. Mais cette tenue n'implique pas, pour les indigènes, l'obligation de se marier devant le cadi.

C'est le défaut de cette obligation qui est la cause de la perturbation actuelle.

En droit musulman, le cadi est qualifié pour consacrer le mariage. Cependant, depuis la conquête, ses actes n'ont de valeur, au regard de la loi, que celle des sous-seings privés, actes qui peuvent être rédigés par de simples particuliers.

On a vu même des actes de talebs sans aucune investiture officielle admis en justice, concurremment avec ceux des cadis.

Donc, logiquement, les actes de mariage que dressent les cadis ne sont que de simples preuves testimoniales consignées par eux, à la demande des parties, tout simplement pour éviter tout désaccord en cas de décès.

Si des conditions sont exigées des cadis, comme l'ordonne d'ailleurs le droit musulman, pour recevoir les actes des mariages, il n'en demeure pas moins vrai qu'ils ne sont que des sous-seings privés.

Quant à l'autorité sur laquelle s'appuie l'arrêt que « dans les pays musulmans, notamment dans l'emipre Ottoman, l'acte du cadi est nécessaire pour la constatation du mariage et des droits civils qui en découlent », il y a fort longtemps que ces cadis n'existent plus en Turquie.

Comme en Europe, le mariage est célébré en Turquie par l'officier d'état-civil. Après cette cérémonie, ces maires, absolument comme ceux de Paris, délivrent aux mariés un certificat, afin, s'il leur plaît, de faire consacrer leur union dogmatique par leurs églises respectives.

On doit donc reconnaître loyalement qu'en fait d'obligation pour les indigènes de faire célébrer leurs mariages par le cadi ou tout autre fonctionnaire qualifié, elle n'existe pas jusqu'aujourd'hui en Algérie.

Le défaut de cette obligation et l'inexistence d'une autorité quelconque pour consacrer le mariage impliquent, pour toutes les juridictions de la capitulation de 1830, l'impérieux devoir de veiller à ce que le statu quo soit sauvegardé jusqu'au jour où le législateur aura pris une décision définitive.

La seule conclusion qui se dégage de cette étude est que l'arrêt rendu par la Chambre de révision, le 31 mai 1916, doit être à son tour revisé.

Alger, Mars 1917.

X.

APPENDICE :

Circulaire de M. le Procureur général près la Cour d'Appel d'Alger

24, Novembre 1916,

Monsieur le Procureur,

Je signale à votre attention et vous prie de signaler à celle des magistrats de votre siège, des juges de paix et cadis de votre arrondissement, un arrêt de la Chambre de Révision de la Cour, en date du 3 mai 1916, qui a décidé expressément que la répudiation et, implicitement, le mariage doivent être constatés par un acte de cadi pour produire en justice leurs effets juridiques.

Il importe que la jurisprudence de ressort s'inspire de cet arrêt, conforme d'ailleurs aux dispositions des articles 34, 39, 49, 52, 53, 138, 139 du projet du code, adopté par la commission de codification du droit musulman, lesquelles se forment au surplus sur une tradition constante sur les règles incontestables du pur droit coranique, telles qu'elles sont rappelées dans l'avant-projet soumis à la discussion de la commission.

Je suis décidé à déférer désormais à la Chambre de Révision les jugements sur appel qui s'écarteraient de la doctrine de cet arrêt. Je vous invite, en conséquence, à les porter à ma connaissance et à intervenir officieusement en vue de provoquer de toute partie intéressée l'appel des jugements de première instance contraire à cette doctrine, sans hésiter, quand il y aura lieu, à faire prêter l'assistance judiciaire aux appelants.

Je désire que vous m'accusiez réception de la présente circulaire et que vous exigiez, en dehors des membres de votre Tribunal, un accusé de réception de tous les juges de paix et cadis de votre arrondissement.

Le Procureur Général,

ROBES.

TABLE DES MATIÈRES

	Pages
La Femme musulmane.	3
Les Cadis.	4
Les Médersas.	6
Le Cadi.	9
La Femme musulmane éternelle victime.	12
Le mariage de la Femme musulmane.	15
Appendice.	2[illegible]

— 1924 —